Hiena

Grace Hansen

abdopublishing.com

Published by Abdo Kids, a division of ABDO, P.O. Box 398166, Minneapolis, Minnesota 55439.

Printed in the United States of America, North Mankato, Minnesota.

052018

092018

THIS BOOK CONTAINS RECYCLED MATERIALS

Spanish Translators: Laura Guerrero, Maria Puchol

Photo Credits: iStock, Shutterstock

Production Contributors: Teddy Borth, Jennie Forsberg, Grace Hansen

Design Contributors: Dorothy Toth, Laura Mitchell

Library of Congress Control Number: 2018931853

Publisher's Cataloging-in-Publication Data

Names: Hansen, Grace, author.

Title: Hiena / by Grace Hansen.

Other title: Hyena. Spanish

Description: Minneapolis, Minnesota : Abdo Kids, 2019. | Series: Animales Africanos | Includes online resources and index.

Identifiers: ISBN 9781532180309 (lib.bdg.) | ISBN 9781532181160 (ebook)

Subjects: LCSH: Hyenas--Juvenile literature. | Hyaenidae--Juvenile literature. | Zoology--Africa--Juvenile literature. | Spanish language materials--Juvenile literature.

Classification: DDC 599.743--dc23

Contenido

Hábitat

Las hienas viven en África. La hiena manchada es una de las **especies** más comunes. Se encuentra por casi todo el continente.

Las hienas manchadas viven en grupos que se llaman clanes. Los clanes viven en pastizales y bosques. También pueden verse en pantanos y sabanas.

Normalmente durante el día descansan a la sombra o en el agua. Están más activas por la noche, cuando hace menos calor.

Cuerpo

Las hienas manchadas están recubiertas de pelaje marrón. Tienen manchas oscuras en el cuerpo y en la cara.

La hiena manchada es la **especie** más grande de hiena. Puede pesar hasta 190 libras (86.2 kg). Las hembras son mucho más grandes que los machos.

Caza y alimentación

Las hienas comen carne. Cazan para alimentarse, pero también son carroñeras. Las hienas cazan solas y con el clan.

Las hienas solitarias normalmente comen aves, mamíferos pequeños e insectos. Cuando cazan en grupo pueden conseguir animales más grandes, por ejemplo cebras.

Crías de hiena

Nacen en las **madrigueras** de una o dos crías. Las crías de hiena se llaman cachorros. Los cachorros pesan aproximadamente 1 libra (0.5 kg). Nacen con el pelaje negro.

Los cachorros beben leche materna durante un año. El clan ayuda a criar a los cachorros y les enseña a cazar.

Más datos

- A diferencia de muchos animales que viven en grupo, las hienas hembras son las que dirigen el clan. Son más grandes y fuertes que los machos.
- Las hienas pueden correr por mucho tiempo sin cansarse. ¡Pueden alcanzar la velocidad de 35 millas por hora (56 km/h)!
- Las hienas tienen la cabeza grande y la mandíbula fuerte. Su mordida es una de las más fuertes de entre todos los mamíferos.

Glosario

especie – grupo de animales que se parecen y tienen crías juntos.

madriguera – lugar donde viven los animales salvajes.

ser carroñero – buscar animales muertos para comer.

Índice

¡Visita nuestra página **abdokids.com** y usa este código para tener acceso a juegos, manualidades, videos y mucho más!